I0122482

JOURNAL

DES

OPÉRATIONS DE L'ARTILLERIE

PENDANT L'EXPÉDITION DE CONSTANTINE.

JOURNAL

DES

OPÉRATIONS DE L'ARTILLERIE

PENDANT L'EXPÉDITION DE CONSTANTINE.

OCTOBRE 1837.

PARIS.

DE L'IMPRIMERIE ROYALE.

1838.

JOURNAL

DES

OPÉRATIONS DE L'ARTILLERIE

PENDANT L'EXPÉDITION DE CONSTANTINE.

––––––––––

L'artillerie destinée à marcher sur Constantine, sous les ordres de M. le lieutenant général comte Valée, pair de France, était réunie longtemps à l'avance au camp de M'jez-Hammar. Au 1ᵉʳ octobre, jour du départ, elle était composée comme il suit :

PERSONNEL.

Un état-major comprenant :

- 1 Lieutenant général commandant en chef ;
- 1 Maréchal de camp commandant en 2ᵉ ;
- 1 Colonel chef d'état-major ;
- 1 Chef d'escadron directeur du matériel ;
- 2 Chefs d'escadron à l'état-major ;
- 3 Capitaines aides de camp ;
- 9 Capitaines à l'état-major.

Six batteries, trois détachements et deux compagnies du train,

SAVOIR :

La 4ᵉ batterie du 4ᵉ régiment ;

La 8ᵉ ———— du 9ᵉ régiment ;

La 3ᵉ ————⎫
La 4ᵉ ————⎬ du 10ᵉ ————

La 5ᵉ ———— du 13ᵉ ————

La 4ᵉ ———— du 14ᵉ ————

Un détachement de la 12ᵉ batterie du 9ᵉ régiment ;

——————————— de pontonniers ;

——————————— d'ouvriers ;

La 3ᵉ compagnie⎫
La 5ᵉ —————⎬ du 2ᵉ escadron du train des parcs ;

Le tout formant un effectif général de :

Officiers.	Sous-officiers et soldats.	Chevaux		Mulets.
		de selle.	de trait.	
46.	1,154.	196.	911.	120.

MATÉRIEL.

1° ARTILLERIE DE SIÉGE.

4 canons de 24 ;

4 ———— de 16 ;

2 obusiers de 8° ;

4 ———— de 6° ;

3 mortiers de 8° ;

avec un approvisionnement de 200 coups par bouche à feu, 1000 kilogrammes de poudre, 200 fusées de guerre, 50 fusils de rempart, 500,000 cartouches d'infanterie et plusieurs ponts et passerelles pour les hommes à pied : le tout formant un équipage de 126 voitures, dont 50 de siége et 76 de campagne.

2° ARTILLERIE DE CAMPAGNE ET DE MONTAGNE.

4 canons de 8 ;
2 obusiers de 24 ;
10 obusiers de 12 de montagne;

les bouches à feu de campagne, approvisionnées à 180 coups;
celles de montagne à 120 obus, et 10 coups à balles par obusier.

La 4ᵉ batterie du 4ᵉ régiment servait la batterie de campagne ;

La 5ᵉ ——— du 13ᵉ ——— servait la batterie de montagne ;

La 4ᵉ ——— du 14ᵉ ——— était destinée à la batterie de brèche ;

Les 8ᵉ du 9ᵉ, et 3ᵉ du 10ᵉ, au service des batteries d'enfilade et contre-batteries ;

La 4ᵉ du 10ᵉ, à celui de la batterie de mortiers, des fusées de guerre et fusils de rempart ;

La 12ᵉ du 9ᵉ n'ayant qu'un détachement de conducteurs et les deux compagnies du train des parcs, avec les 4ᵉ du 14ᵉ, 8ᵉ du 9ᵉ, 3ᵉ et 4ᵉ du 10ᵉ, furent chargées de la conduite du parc.

L'armée expéditionnaire, divisée en 4 brigades, devant marcher sur deux colonnes à un jour d'intervalle, le lieutenant général d'artillerie, après avoir réparti l'artillerie de campagne entre les 4 brigades, forma deux grandes divisions de son artillerie de siége. La première, qui devait marcher avec les deux premières brigades, comprit toutes les bouches à feu de siége, convenablement approvisionnées, total : 60 voitures; la seconde, les 66 voitures restantes.

A 7 heures et demie, la brigade de Nemours partit de M'jez-Hammar, suivie de la brigade Trézel, qui servait d'escorte à la 1ʳᵉ division du parc de siége. Le lieutenant général commandant en chef l'artillerie, avec son état-major, marchait en tête de cette division dont il avait confié le commandement au chef d'escadron Maléchard. Les 60 voitures qui la composaient ar-

Dimanche
1ᵉʳ octobre.
Jour du départ.

rivèrent à midi au pied du Ras-el-Akba, ayant été retardées par
les chemins qu'une forte pluie avait rendus très-difficiles : il
fallut mettre 14 et 16 chevaux aux pièces de 24 ; mais il ne sur-
vint aucun accident malgré la roideur des rampes. La pluie
dura jusqu'à 3 heures : alors la tête de colonne de notre brigade se trouvait à hauteur d'Annona, et ce ne fut qu'à 5 heures
que le parc put être rallié. Il resta seulement en arrière, sous
la conduite de M. le lieutenant Delaunay, trois voitures que
l'on ne put faire passer, la route étant interceptée par des voitures du train du génie cassées et embourbées.

Lundi 2 octobre.   La nuit fut belle, sans pluie. A 6 heures, M. Delaunay dé-
passa les voitures embourbées, et rejoignit le parc à travers les
ravins et sans route frayée. A 7 heures, le général de Caraman
reçut du lieutenant général d'artillerie l'ordre d'aller au-
devant de la 2ᵉ division du parc, qui avait dû partir au jour
de M'jez-Hammar, sous les ordres du commandant Gellibert,
avec les 3ᵉ et 4ᵉ brigades. Partis à 8 heures du matin avec la
brigade Trézel, nous rejoignîmes à 10 heures la 1ʳᵉ brigade qui
avait bivouaqué, la nuit précédente, au sommet du Ras-el-
Akba ; et nous marchâmes de concert, nos pièces de 24 mar-
chant à hauteur de l'infanterie. Le temps se remit, le terrain
se sécha, et à 1 heure et demie nous arrivâmes au ruisseau de
Aïn-Draam qui précède l'Oued-Zenati ; là nous fûmes arrêtés
par les travaux qu'exigea une rampe fort roide. A 2 heures les
pièces de 24 franchirent l'obstacle sans peine, et arrivèrent une
demi-heure après au Zenati dont le passage nécessita encore
un nouveau travail. A 4 heures, tout le parc passa sans difficulté et s'établit au-delà du marabout de Sidi-Tam-Tam. Les
chevaux marchèrent parfaitement pendant cette journée, et,
malgré la pluie de la veille, on ne fut pas obligé de doubler
les attelages. On apprit que le soir même les 3ᵉ et 4ᵉ brigades,
avec la 2ᵉ division du parc, bivouaquaient au sommet du Ras-

el-Akba, sur le point occupé la veille par la brigade de Nemours.

Après une belle nuit, la 1re brigade se mit en marche à Mardi 3 octobre. 7 heures et demie; la 2e la suivit avec le parc. Le colonel de Tournemine, chef de l'état-major d'artillerie, partit avec la 1re brigade pour reconnaître la route, emmenant avec lui 2 capitaines qui devaient alterner pour diriger le parc dans le chemin reconnu. Le lieutenant général guida lui-même sa tête de colonne, s'assurant, à chaque pas difficile, que les pièces de 24 pouvaient passer sans obstacle; aussi ne furent-elles arrêtées que par les travaux à exécuter sur la route, et on n'eut pas recours une seule fois aux attelages de renfort. A 1 heure, tout le parc arriva à Raz-Zenati. On fit boire les chevaux et on donna l'orge; on repartit à 2 heures et demie, et le parc établit son bivouac à 5 heures au lieu nommé Méris, auprès d'un ruisseau qui donna de bonne eau, mais en petite quantité. On y apprit que les deux autres brigades campaient le soir au Raz-Zenati.

On ne partit qu'à 10 heures, ayant été au fourrage dans la Mercredi 4 octobre. matinée; mais on ne trouva qu'un peu de paille dans des meules à moitié brûlées par les Arabes. Le gouverneur visita le camp, le temps était beau et les chevaux marchèrent bien. On chemina toute la journée sans obstacle jusqu'à la hauteur qui précède le ruisseau de Ogart-el-Beck en avant de Somma. On prit par la vallée, mais on fut obligé de traverser cinq fois le ruisseau. Ces passages exigèrent quelques travaux, on était parti tard et l'on n'arriva qu'à 5 heures au bivouac, dans le voisinage duquel on trouva encore un peu de paille. Le temps était toujours beau et les brigades d'arrière-garde n'étaient pas loin de nous.

Les 3e et 4e brigades nous rejoignirent à 8 heures, on partit Jeudi 5 octobre. et nous arrivâmes à midi à Somma avec tout le parc, ayant suivi exactement la route de l'année dernière, dont nous retrouvions les traces, contournant les mamelons à droite et

2

passant à dix pas du monument. Avant d'y arriver, quelques tirailleurs arabes se présentèrent sur notre droite. Le lieutenant général les éloigna promptement, en détachant sur le flanc des officiers de son état-major avec quelques brigadiers et maréchaux des logis d'artillerie. Enfin, des hauteurs de Somma et par un soleil brillant, nous pûmes apercevoir la ville de Constantine, le plateau de Coudiat-Aty avec ses tombeaux, les escarpements de Sidi-Mécid et la redoute Tunisienne, telle que nous l'avions vue l'année précédente. Les troupes se massèrent, et après quelques instants de repos l'on continua à marcher dans le même ordre. Après avoir traversé le Bou-Merzoug sans trop de difficulté, malgré les pierres dont son lit est encombré, nos pièces de 24, qui semblaient aussi mobiles que des pièces de 8, arrivèrent à 4 heures et demie au bivouac du *camp de la boue,* où l'on passa la nuit et où l'on échangea quelques coups de fusil avec les Arabes qui couronnaient les hauteurs. Les 3ᵉ et 4ᵉ brigades campèrent de l'autre côté de Bou-Merzoug; le temps se couvrit et devint menaçant.

Vendredi 6 octobre. Arrivée devant Constantine.

A 3 heures du matin, la pluie tombait à verse, et nous étions dans le camp de la boue de l'expédition dernière. Le gouverneur vint lui-même chez le lieutenant général commandant en chef l'artillerie lui dire que, s'en référant à son avis de la veille, il désirait que l'on se mît en route le plus tôt possible, avant que les chemins ne fussent défoncés. La pluie cessa à 6 heures au moment du départ. L'avant-garde arriva à 8 heures au Mansourah, et la 1ʳᵉ division du parc, sous les ordres du commandant Maléchard, campa à 9 heures au pied et à droite du marabout de Sidi-Mabrouk. Le gouverneur pria le lieutenant général d'artillerie de se rendre auprès de lui, et après une courte conférence, à laquelle prit part M. le lieutenant général du génie, il se retira à droite et en arrière des crêtes de Mansourah, accompagné du prince et de son état-major.

Alors le lieutenant général d'artillerie, accompagné seulement du général Fleury et du colonel de Tournemine, chef d'état-major de l'artillerie, commença sa reconnaissance, et descendit à cet effet le long des rochers qui sont au-dessous de la partie gauche du Mansourah, précédé par une compagnie d'élite du 17e léger dont il plaçait et disposait lui-même les éclaireurs.

On reconnut qu'il était impossible de se placer exactement sur le prolongement de la face de la ville qui regarde le plateau de Coudiat-Aty, cette face, qu'on peut appeler la courtine du front d'attaque, étant trop oblique au Mansourah; d'ailleurs on voyait directement les trois embrasures de la grande batterie au *drapeau rouge,* qui avaient vue de notre côté : on plongeait dans le Bardo, et l'on pouvait compter les maisons de Coudiat-Aty. Le lieutenant général d'artillerie remarqua la plus grande de ces maisons, qui offrait une teinte plus grisâtre que les autres et bordait le chemin qui menait à la porte Bab-el-djedid près de la grande batterie. Cette maison, que nous appellerons la *maison grise,* paraissait être à 3 ou 400 mètres du rempart. Ce fut à peu près à sa hauteur, sur le chemin même, que le lieutenant général d'artillerie résolut de suite d'établir une batterie de brèche qui devait tirer avec les batteries d'enfilade et contre-batteries, et ouvrir son feu en même temps le surlendemain à la pointe du jour, si le temps, les chemins, l'ennemi en permettaient l'établissement. Pour battre la grande batterie avec plus d'avantage, le lieutenant général reconnaît à gauche au-dessous du Mansourah une espèce de plateau pour 3 ou 4 pièces : cet emplacement, qui est à gauche de la position où l'on pourrait établir des pièces sur le Mansourah même pour battre d'écharpe la grande batterie, est au-dessous de cette position et plus avancé vers la ville de 100 à 150 mètres; il offre donc le triple avantage à nos pièces de tirer plus près avec

2.

moins de commandement et plus d'enfilade. Le chemin qui doit mener du parc à cet emplacement est reconnu, et il est assez indiqué pour qu'une journée de travail du génie puisse le rendre praticable.

Le lieutenant général, continuant sa reconnaissance, détermina à gauche de la redoute tunisienne l'emplacement d'une batterie de mortiers pour tirer à la fois sur la Casbah, sur la grande batterie et sur les principaux édifices. A droite de la redoute tunisienne sera placée une batterie de siége pour contrebattre la Casbah, qui été réparée depuis l'année dernière, et nous présente quatre embrasures dans un parapet en terre nouvellement élevé.

En résumé, la reconnaissance des commandants en chef de l'artillerie et du génie confirma ce que les souvenirs de l'expédition dernière nous faisaient présumer, c'est que l'attaque par le Coudiat-Aty était la seule possible; mais, en établissant de suite la batterie de brèche sur ce point, le lieutenant général d'artillerie jugea nécessaire de l'appuyer sur le Mansourah par trois batteries destinées à prendre d'enfilade et de revers les batteries du front d'attaque, et d'éteindre les feux de la Casbah.

Pendant cette reconnaissance, la 1re brigade tira quelques coups de canon de campagne sur les deux batteries qui défendaient la porte d'El-Cantara. Cette porte avait été refaite à gauche du pont, sur un retour, et armée de deux étages de feux. A 12 heures, la 2e division du parc fut ralliée, et le parc de siége tout entier se trouva au bas de Sidi-Mabrouck, sous les ordres du commandant Gellibert. A 2 heures, le temps se couvrit et il plut pendant deux heures : dans cet intervalle, le général Rullière, à la tête des 3e et 4e brigades, alla occuper Coudiat-Aty. Deux pièces de campagne et deux obusiers de 6ⁿ furent placés au-dessus des crêtes du Mansourah, pour aider le mouvement et favoriser le passage du Rumel : ces quatre pièces rentrèrent au parc à la nuit. M. le commandant d'Armandy accompagna le général Rullière, pour reconnaître les chemins et la position de la batterie de brèche : l'artillerie des 3ᵉ et 4ᵉ brigades (2 pièces de campagne et 6 de montagne) s'établit à Coudiat-Aty.

Ayant déterminé l'emplacement des batteries dans sa reconnaissance, le lieutenant général d'artillerie fit paraître l'ordre suivant, relatif à leur établissement et à leur construction.

ORDRE DE L'ARTILLERIE

POUR LA CONSTRUCTION DES BATTERIES DEVANT LA PLACE DE CONSTANTINE.

Au camp de Mansourah, le 6 octobre.

Le lieutenant général commandant en chef l'artillerie a reconnu l'emplacement des batteries. Il en a déterminé, ainsi qu'il suit, la position, la composition et l'objet :

La batterie nº 1, *Batterie du Roi,* sera établie sur le revers, à gauche du Mansourah : elle sera composée de 1 pièce de 24, 2 de 16 et 2 obusiers de 6 pouces. La pièce de 24 sera placée à gauche, celles de 16 au centre et les obusiers à droite. Cette batterie a pour objet d'éteindre les feux et de détruire les défenses sur le point d'attaque dans la partie de l'enceinte comprise entre les trois portes Bab-el-djedid, Bab-el-oued et Gabia. Elle tirera principalement sur la batterie de la porte Djedid et sur celle de la porte Bab-el-oued qui est plus rapprochée que la première.

La batterie nº 2, *Batterie d'Orléans,* couronnera le Mansourah, à droite de la redoute tunisienne. Elle sera composée de 2 pièces de 16 et de 2 obusiers de 8°. Son objet sera de contre-battre et d'éteindre les feux de la Casbah et de deux batteries placées à droite de la porte d'El-Cantara.

La batterie n° 3, *Batterie de mortiers,* sera placée à gauche de la redoute Tunisienne, et composée de trois mortiers de 8°. L'objet de cette batterie sera de jeter des bombes sur le front d'attaque, sur la Casbah et sur les batteries dont le feu serait le plus difficilement éteint par le feu direct des canons.

Ces trois batteries formeront l'attaque du Mansourah; elles seront aux ordres de M. le chef d'escadron Maléchard, et seront servies par la 8ᵉ batterie du 9ᵉ régiment, et les 3ᵉ et 4ᵉ batteries du 10ᵉ régiment.

La batterie n° 4, *Batterie de Nemours,* sera établie sur le revers, à droite du Coudiat-Aty. Elle sera composée de 3 pièces de 24 et de 2 obusiers de 6°. Elle aura pour objet de faire brèche près de la porte Djedid; elle sera au besoin divisée en deux parties, en choisissant pour les obusiers l'emplacement le plus favorable.

Cette batterie formera l'attaque du Coudiat-Aty, et sera aux ordres de M. le chef d'escadron d'Armandy, et servie par la 4ᵉ batterie du 14ᵉ régiment.

Les travaux des batteries seront commencés aujourd'hui, et, autant que possible, avant la chute du jour, et seront poussés avec la plus grande activité. Il sera immédiatement établi un pont de chevalet pour le passage des hommes à pied, au confluent du Bou-Merzoug et du Rummel.

Toute demande d'approvisionnements sera adressée par les chefs d'attaque à M. le chef d'escadron Gellibert, directeur du parc: celles pour les travailleurs seront adressées à M. le colonel chef d'état-major de l'artillerie. Les bouches à feu (canons et obusiers) seront approvisionnées à 100 coups pour la première journée, et les mortiers à 70 coups.

Le lieutenant général commandant en chef l'artillerie ne doute pas que les officiers, sous-officiers et canonniers ne se fassent tous remarquer par leur zèle et leur instruction, et qu'ils ne soutiennent dignement la vieille réputation de l'artillerie.

Le Lieutenant général, Pair de France, commandant en chef l'artillerie,

Signé COMTE VALÉE.

En exécution de l'ordre du lieutenant général, à quatre heures, des détachements commandés par les capitaines Thillaye, Dardy, Lecourtois et Coteau, partent de Sidi-Mabrouck sous la direction de leur chef d'attaque, le commandant Maléchard, pour se rendre à l'emplacement des batteries 1, 2 et 3 du Mansourah. Le colonel chef d'état-major de l'artillerie, qui avait accompagné le matin le lieutenant général dans sa reconnaissance, indiqua à chacun la position exacte de sa batterie. Les travaux commencèrent à l'instant, et des travailleurs d'infanterie, sous la surveillance de M. le capitaine d'état-major de Salles, nommé major de tranchée, s'empressèrent de seconder le zèle de nos canonniers. Pendant ce temps, M. le capitaine Pradelles, commandant le détachement de pontonniers, partit pour aller établir deux passerelles, l'une sur le Rummel, l'autre sur le Bou-Merzoug, en avant et en arrière des ruines de l'aqueduc romain. A six heures, M. le commandant d'Armandy, envoyé par le lieutenant général d'artillerie avec la colonne Rullière pour reconnaître la position du Coudiat-Aty, revient et lui rend compte que les chemins pour les pièces de 24, ainsi que l'établissement de la batterie de brèche, lui paraissent offrir des difficultés immenses à tous égards, même avec le beau temps, et que d'ailleurs l'occupation du plateau n'est pas assez avancée pour permettre

ce soir même aucun commencement de travail. Le lieutenant général d'artillerie se décida à reconnaître lui-même la
position à la pointe du jour.

La nuit fut assez belle : à la pointe du jour, le lieutenant
général monta à cheval et vint reconnaître avec le gouverneur
et le prince le travail de la nuit dans les trois batteries du
Mansourah : le lieutenant général avait fait remettre au prince,
comme commandant du siége, copie de son ordre de la veille
sur la construction des batteries. Les travaux avaient été poussés
cette nuit avec la plus grande activité : le coffre en terre de
la batterie d'Orléans et de celle des mortiers était terminé.
Le revêtement de ce coffre et des embrasures se fit avec des
sacs à terre remplis dans la redoute Tunisienne par les travailleurs d'infanterie; on chercha à s'enfoncer pour diminuer
le travail, mais à la batterie des mortiers l'on fut arrêté à
$0^m,66$ par l'irrégularité des rochers, ce qui occasionna des ressauts dans la construction. De plus grandes difficultés se présentèrent à la batterie Royale, qui reposait entièrement sur le
roc. Aussi le coffre ne put-il être terminé dans la nuit; au jour il
commença seulement à s'élever au-dessus de la genouillère, et,
l'emplacement n'étant pas assez large pour contenir cinq pièces
de front, on fut obligé d'établir en retour à gauche, pour la
pièce de 24, un épaulement séparé complétement en sacs à terre.
Le coffre pour les pièces de 16 et les deux obusiers de 6° fut fait
en terre portée à la main dans des couffins.

A huit heures, le lieutenant général d'artillerie, accompagné du général Fleury et du colonel chef d'état-major d'artillerie, descendit à cheval près de l'aqueduc, et reconnut le
chemin des pièces de 24, qui devait passer au-dessous, descendre ensuite cent pas au delà de la passerelle que le capitaine Pradelles achevait en ce moment sur le Bou-Merzoug,
et remonter à droite pour suivre une trace frayée et assez so-

lide que présente la partie inférieure et plane de Coudiat-Aty.

Le lieutenant général d'artillerie resta quelque temps à l'extrémité de ce chemin, au point où il a vue sur la place : de là il découvrit parfaitement la portion de l'enceinte vis-à-vis de Coudiat-Aty, qui est à peu près horizontale, *sans fossé, sans rocher.* C'est là qu'est située la grande batterie qui a onze embrasures de notre côté : à droite, le rocher à pic jusqu'à l'angle très-aigu qui regarde le Mansourah; à gauche le rocher encore : dans la portion qui nous regarde, sur une longueur de 150 à 200 mètres seulement, on reconnaît que nous n'avons devant nous que de la maçonnerie, sans fossé. Cette maçonnerie paraît très-solide, dans toute l'étendue de la grande batterie qui est construite par ressauts. A gauche, en saillie, est une maison casematée, avec deux embrasures; derrière, une grande caserne avec des fenêtres entourées d'arcs elliptiques entre-croisés; c'est d'une de ces fenêtres que le 13, à neuf heures du matin, doit partir le cri : *Vive le Roi !* A gauche de la maison casematée, et en avant, plus près de nous, on voit un minaret; en arrière et plus à gauche encore, une autre maison casematée. En retour, vis-à-vis cette maison est, dit-on, la porte Djedid qu'on ne voit pas.

Le lieutenant général continua sa reconnaissance en prenant successivement position sur le sommet des crêtes de Coudiat-Aty, accompagnant les tirailleurs, descendant jusqu'à la maison grise, au pied de laquelle étaient encore les tirailleurs ennemis. A travers un créneau improvisé, il détermina de nouveau l'emplacement de la batterie de brèche et prescrivit d'établir la nuit suivante, au-dessous et en arrière de cette maison, une batterie en sacs à terre pour deux obusiers de 6°, qui devront tirer le lendemain matin avec les trois batteries du Mansourah. Il est probable que la batterie de brèche ne pourra être construite et surtout armée que le surlendemain matin,

24 heures après les autres, à cause des chemins à faire et des énormes difficultés que présente la construction d'une batterie à 400 mètres du rempart, sous le feu direct et plongeant du canon et de la mousqueterie de la place, non encore suffisamment contre-battu, et sans aucune communication couverte en arrière.

Le lieutenant général d'artillerie rentra à 11 heures au parc de Sidi-Mabrouck. À midi il mit à l'ordre de l'artillerie les dispositions suivantes :

ORDRE DU JOUR DE L'ARTILLERIE.

Au camp de Mansourah, le 7 octobre 1837.

Le feu de l'artillerie commencera demain 8 à la pointe du jour; le signal sera donné par le premier coup tiré de la batterie Royale.

Le tir sera dirigé avec toute la justesse et la précision possibles. Les officiers des batteries devront y apporter le plus grand soin et le rectifier fréquemment.

Les pièces tireront à volonté, et le feu sera précipité ou ralenti suivant les progrès de l'effet à produire; mais, dans aucun cas, on ne tirera par jour plus de 80 coups par canon et par obusier, et 60 par mortier.

Le feu de la batterie de mortiers continuera très-lentement pendant la nuit et sera alors spécialement dirigé sur les points où l'on jugera que l'ennemi fait des réparations et sur les lieux où il se manifesterait quelque incendie.

Les bombes et obus qui seront chargés dans les batteries devront contenir de la roche à feu.

Indépendamment du feu des batteries de siége, quatre pièces

de campagne, placées sur le Mansourah, tireront sur les batteries au-dessus de la porte d'El-Cantara et sur celles à droite de cette porte. Deux autres pièces de campagne et deux obusiers de 6°, placés sur le Coudiat-Aty, tireront sur les batteries masquées près de la porte Bab-el-Oued.

Des fusées de guerre seront tirées pendant la nuit à la batterie de mortiers, concurremment avec les bombes; la direction et l'objet de ce tir seront les mêmes que ceux des mortiers.

Trente fusils de rempart seront placés près de la batterie Royale et de la batterie de Nemours, pour tirer dans les embrasures des batteries de l'ennemi et contre-battre les feux de mousqueterie.

Le Lieutenant général commandant en chef l'artillerie,

Signé COMTE VALÉE.

On travailla à Coudiat-Aty toute la journée sans engagement sérieux. Au Mansourah, comme la veille, la place envoya des bombes avec assez de justesse, mais sans pertes pour nos batteries.

La pluie commença à 1 heure et dura jusqu'à 3. L'armement des trois batteries du Mansourah, qui devait commencer à cette heure, fut retardé jusqu'à 5 heures, pour laisser sécher le terrain, que la pluie avait déjà rendu très-gras. Le sol était pierreux et repoussait les piquets; aussi l'on éprouva de grandes difficultés pour l'établissement des plates-formes. A 5 heures le commandant d'Armandy partit pour Coudiat-Aty, avec la batterie Caffort et les deux obusiers de 6° qui devaient tirer au jour. M. le capitaine Lebœuf, qui avait accompagné le matin le lieutenant général dans sa reconnaissance, lui servit de guide.

A 6 heures, le chef d'escadron Maléchard dirigea sur le plateau de Mansourah les pièces et les mortiers destinés à l'armement des batteries 2 et 3, se réservant de conduire lui-même la pièce de 24 et les deux pièces de 16 qui devaient, avec deux obusiers de 6°, armer la batterie Royale. Le chemin du parc à cette batterie avait été préparé le matin par le génie, sur un terrain de remblai adossé, d'un côté, au roc; il y avait à craindre que les eaux n'eussent enlevé une grande partie du remblai, d'autant plus que la pluie, suspendue un instant, recommençait à tomber avec une nouvelle force et sans interruption. A 8 heures, M. Maléchard revint, annonçant que la pièce de 24 était versée en cage à gauche de la route. Par ordre du lieutenant général, le colonel chef d'état-major fit réunir de suite un détachement de pontonniers, commandé par le capitaine Pradelles, et se rendit avec eux sur le lieu de l'accident. Arrivé sur le terrain, qui était devenu presque impraticable, dans une obscurité profonde, on essaya de faire avancer la première pièce de 16 en dépassant la position où la pièce de 24 était versée, l'on marcha quelque temps avec des pans de roue; à 100 pas de la batterie, la pièce glissa et tomba à gauche dans le débord; pendant que M. Pradelles travaillait avec ses pontonniers pour la relever, nous retournâmes en arrière pour faire avancer la seconde pièce de 16. M. le duc de Nemours arriva en ce moment avec le colonel Boyer : nous essayâmes devant lui de faire marcher cette deuxième pièce; le chemin était si étroit, si glissant, la nuit si noire, la pluie si forte, qu'on avait peine à faire quelques pas, et les lanternes effrayaient les chevaux au lieu de les guider. Le capitaine Pradelles, après avoir relevé sa pièce, la vit verser de nouveau quelques pas plus loin; malgré tous nos efforts la nôtre versa aussi en cage. Reconnaissant alors l'impossibilité de rien faire, par cet horrible temps, et à plus de minuit, nous fîmes cesser un travail désormais inutile et retournâmes en rendre compte au lieutenant général. L'armement de la batterie d'Orléans et de celle des mortiers s'était fait pendant ce temps sans accident par le plateau de Mansourah.

A minuit, M. le capitaine Auvity fut envoyé à Coudiat-Aty pour empêcher les obusiers de 6°, de tirer au jour. Le lieutenant général d'artillerie se rendit de suite chez le général Fleury, chez le gouverneur, chez le prince, et ne rentra qu'à 2 ^{h} du matin sous sa tente; le temps était toujours aussi affreux. Il fut convenu qu'à la pointe du jour le génie nous ferait remplir assez de sacs à terre pour construire une nouvelle batterie sur le plateau même du Mansourah, à gauche, dans la position où l'on se proposait d'établir la batterie d'enfilade, avant la reconnaissance. Malgré la pluie qui ne cessait pas, cette batterie, destinée à remplacer provisoirement la batterie Royale, dont l'armement était devenu impossible en ce moment, commença son travail, au jour, sous la direction du capitaine Lecourtois. Le coffre et les embrasures furent terminés à midi : la batterie avait seulement 3 mètres d'épaisseur dans le haut; elle fut armée de deux obusiers de 6° et de trois pièces de 24; les plates-formes et l'armement furent terminés à 2 heures: elle devint la batterie n° 5, *Batterie Danrémont*. Le temps était si couvert qu'on n'y voyait pas assez pour pointer, tous les hommes étaient harassés et l'on remit au lendemain l'ouverture du feu. Le colonel de Lamoricière offrit ses zouaves comme auxiliaires à nos pontonniers pour remonter les deux pièces de 16 et la pièce de 24. Une pièce de 16 fut remontée dans la journée: le feu de la place était à peu près nul.

A 7 heures du matin, après une nuit aussi pluvieuse que les 24 heures précédentes, le feu s'ouvrit par la pièce de 24 placée à la droite de la batterie Danrémont. Cette batterie était commandée par le capitaine Thillaye. La batterie d'Orléans, la

Dimanche
8 octobre.

Lundi 9 octobre.

batterie de mortiers, commencèrent aussitôt leur feu, ainsi que les deux obusiers de 6° de Coudiat-Aty. Quelques éclaircies, quelques rayons de soleil, permirent de rectifier le tir, et la batterie d'Orléans, bien qu'éloignée de la Casbah de près de 1000 mètres, fit de très-beaux coups d'embrasures, et éteignit en peu de temps le feu de l'ennemi. Les mortiers tirèrent avec justesse mais sans produire d'incendies durables. La batterie Danrémont concentra son feu sur l'embrasure de gauche de la grande batterie, et fit aussi plusieurs coups d'embrasures, mais, moins heureusement placée que la batterie Royale, ayant trop de commandement et à une distance de 900 mètres au moins, son effet est moins efficace que celui de la batterie d'Orléans.

Malgré la pluie, les Zouaves, dirigés par le capitaine Pradelles, à la tête de ses pontonniers, parvinrent à relever notre deuxième pièce de 16, et la conduisirent, avec la première, à la batterie Royale, où elles commencèrent aussitôt leur feu sous la direction du capitaine Dardy: le feu de la place continuait toujours; vers une heure il se ralentit. Le lieutenant général ordonna alors de ne plus tirer que de quart d'heure en quart d'heure. A 2 heures il reconnut, du haut du Mansourah, un chemin qui, partant du Rummel, au-dessous du Bardo, montait auprès de cet édifice en le laissant à droite, tournait brusquement à gauche par une rampe fort roide, arrivait à Coudiat-Aty, sur le versant qui regarde l'aqueduc, puis, tournant à droite, suivait une trace assez large et à peu près horizontale qui menait directement à la maison grise. Le capitaine Munster fut chargé de reconnaître si ce chemin était praticable sans travaux; si le gué qu'on ne voyait pas, à cause des escarpements et des rochers de Mansourah, pouvait donner passage aux pièces de 24, ainsi que le chemin qui conduisait à la maison grise. Le gué fut reconnu très-profond, torrentueux, accessible cependant; la seconde rampe horriblement roide; tout le reste praticable, malgré d'énormes difficultés, surtout au gué et à la seconde rampe, dont le chemin, couvert de rochers et de cailloux, offre au moins un terrain solide. D'après ce rapport, le lieutenant général se décida à y faire passer deux pièces de 24 de la batterie Danrémont, deux pièces de 16 de la batterie d'Orléans, avec huit chariots d'approvisionnements, et donna l'ordre de partir à la tombée de la nuit. Le colonel chef d'état-major de l'artillerie fut chargé de diriger cette opération difficile et de conduire la colonne. La nuit était sombre et pluvieuse, et les chemins détrempés; à chaque pas on était obligé d'aller tâter le terrain pour reconnaître le meilleur point de passage, et ce ne fut qu'à minuit, après des efforts extrêmes et après plusieurs temps d'arrêt pour faire élargir ou aplanir la route par la compagnie de sapeurs qui nous accompagnait, que nous pûmes arriver au gué du Rummel.

Après des retards inévitables en pareille circonstance, mal- Mardi 10 octobre. gré la nuit, la pluie et l'épuisement des hommes et des chevaux, l'on parvint à engager une pièce de 24 jusqu'au milieu du gué; mais là tous les efforts devinrent inutiles, et il fallut aller à la recherche de nouveaux renforts. Tout le monde était accablé, et ce ne fut qu'à force de prières, d'encouragements et de récompenses, et après avoir erré pendant plusieurs heures sur les plateaux de Coudiat-Aty, que le colonel chef d'état-major put ramener quelques hommes et faire recommencer le travail. Des sapeurs du génie, dans l'eau jusqu'à la poitrine, travaillèrent jusqu'au jour à rouler les blocs qui obstruaient le passage; d'autres disposaient la rampe; enfin, à 6 heures, la première pièce commença son mouvement, attelée de 40 chevaux; 20 étaient placés à gauche, sur une volée mobile, au bout d'une prolonge attachée à la volée fixe; des travailleurs d'infanterie poussaient aux roues et à la volée; les officiers et sous-officiers du train conduisaient eux-mêmes les chevaux de leurs conducteurs, animant et tenant en main les sous-verges et déployant une activité toute digne d'éloges. Notre première pièce de 24 gravit alors la rampe et se trouve à hauteur du Bardo au moment où le jour paraît. La place ouvre aussitôt son feu; un cheval est tué dans les traits; un biscaïen ricoche sur la pièce de 24 sans atteindre les 20 hommes d'infanterie qui l'entouraient; au haut de la seconde rampe, qu'un cavalier isolé a peine à gravir, la pièce, arrêtée un instant, est calée de suite et reprend son mouvement; elle arrive au second tournant. Pendant ce temps la deuxième pièce de 24 a passé le gué, tourné vis-à-vis le Bardo, échappant aux boulets de la place; mais, arrivée à moitié hauteur de la seconde rampe, un coup de mitraille effraie les premiers chevaux, la pièce recule et verse en cage à gauche de la route. Le feu de place redouble; deux chevaux seulement sont blessés; mais on continue de marcher, et les deux pièces de 16 arrivent sans accident au sommet, ainsi que les chariots de batterie. Il était 9 heures, et il fallait songer à relever la pièce de 24. 200 hommes du 47ᵉ de ligne sont mis à cet effet à la disposition du capitaine Munster. Le lieutenant Delaunay, l'adjudant Muller et le maréchal-des-logis Heilmann, avec quelques canonniers, dirigent l'infanterie; la manœuvre se fait sous le feu de la place comme au polygone, avec deux gîtes de plate-forme et deux prolonges; la force des hommes supplée au pointal, et la pièce est relevée et a rejoint les autres avant 10 heures et demie.

Le lieutenant général d'artillerie se tint depuis le matin sur le plateau de Coudiat-Aty. Le feu très-vif de la place empêchait de travailler activement à la batterie de brèche commencée en sacs à terre au-dessous de la maison grise. Le temps commençait à se remettre depuis le matin; il avait plu

56 heures sans interruption. Pendant ce temps, à Coudiat-Aty et à Mansourah, l'artillerie de campagne et de montagne secondait les mouvements des troupes contre les tirailleurs arabes. Dans la matinée, un nouveau pont de chevalets pour l'infanterie fut achevé par les pontonniers près du gué du Bardo; ce pont remplaçait les deux passerelles de l'aqueduc, que l'orage des jours précédents avait enlevées. A 3 heures, l'ordre fut envoyé au parc de faire atteler 130 chevaux, pour conduire, la nuit, à Coudiat-Aty, la 3e pièce de 24 de la batterie Danrémont, les deux obusiers de 8° de la batterie d'Orléans, les mortiers de la batterie n° 3 et les fusées incendiaires. Dans la même nuit, les deux obusiers de 6° de la batterie Danrémont devaient descendre à la batterie Royale, dont la pièce de 24 avait été relevée, dans la journée, par les zouaves, de manière que, le lendemain au jour, cette batterie eût enfin l'armement prescrit par l'ordre du 6. Toutes les autres pièces de siége devaient être conduites à Coudiat-Aty, pour y occuper les emplacements déterminés, et les travaux de la batterie de Nemours poussés avec la plus grande activité.

A 3 heures du matin, le lieutenant du train Steffe partit avec ses attelages; le mouvement s'exécuta sans accident quoiqu'il eût encore plu pendant la nuit. Le lieutenant général arriva à 6 heures à la batterie de Nemours commandée par le capitaine Cafford. Il la trouva terminée, mais non encore armée; une pièce de 16 était en batterie à gauche au-dessous de la maison grise : une pièce de 24 fut amenée et mise assez rapidement en batterie sous nos yeux, puis une deuxième; quant à la troisième, quoiqu'elle ne fût pas à plus de 30 mètres de la batterie, le feu de la place devint trop vif pour exposer les 50 travailleurs d'infanterie qu'on avait attelés à une prolonge fixée à cette pièce; le lieutenant général se décida à ouvrir le feu sur-le-champ, se réservant d'amener plus tard cette 3e pièce en batterie. Deux

Mercredi
11 octobre.

4

autres batteries sont prêtes en ce moment : l'une n° 6, au-dessus de la batterie de Nemours, et presque sur la terrasse de la maison grise, était commandée par le lieutenant de Beaumont, et fut construite toute en sacs à terre pour deux obusiers de 6°; et l'autre en arrière, et sur le prolongement du chemin qui va de la maison grise à la grande batterie, fut établie par le capitaine Lecourtois à peu près à une distance de la place double de celle de la batterie de Nemours, 800 mètres environ. Cette batterie fut construite dans la nuit, sur un emplacement dont les pierres formèrent l'épaulement et dont les embrasures seulement furent revêtues en sacs à terre; elle prit le n° 8 et fut armée d'une pièce de 16 et de deux obusiers de 8°. Enfin, à 150 mètres en arrière, le capitaine Coteau établit ses trois mortiers sur un emplacement de même nature : des débris de maçonnerie et des briques fournirent l'épaulement, ce fut la batterie n° 7; mais, les plates-formes de cette batterie étant arrivées en dernier lieu, elle ne fut prête à faire feu qu'à midi environ. En résumé, à 9 heures, au moment où le lieutenant général donna l'ordre de commencer le feu, cet ordre fut exécuté à la fois par la batterie Lecourtois n° 8, la batterie de Beaumont n° 6, et la batterie de Nemours n° 4 à laquelle manquait seulement une pièce de 24. Le tir fut d'abord dirigé sur l'angle de la maison casematée qui borne à gauche la grande batterie, et sur les trois premières embrasures de cette batterie, tandis que les obusiers de 8° et de 6° dirigèrent leur feu sur les pièces qui avaient des vues sur nous. Au bout d'une heure, le feu de la place est éteint, et soit effet moral, soit système de leur part (ne pas tirer quand nous tirons), leur fusillade même devint bientôt presque nulle; il est vrai que l'on fit de beaux coups d'embrasure et que plusieurs de leurs pièces furent promptement démontées. La batterie Royale, la seule qui restait encore sur le plateau de Mansourah, seconda parfaitement notre feu, en tirant constamment sur la grande batterie et les bâtiments en arrière. A 10 heures, on remit les travailleurs d'infanterie après la 3e pièce de 24, et, animés par les officiers et l'exemple des canonniers, elle fut rapidement mise en batterie et put commencer le feu.

A dater de ce moment, on ne s'occupe plus, dans le tir, que de faire brèche à la grande batterie. La pièce de 16 et les trois pièces de 24 eurent ordre de limiter leurs coups, de l'angle rentrant de la maison casematée à la deuxième embrasure de la grande batterie, en pointant à huit pieds au-dessous pour commencer la brèche, tandis que les obusiers devaient seconder le feu des pièces, en fouillant le terre-plein de la batterie ou frappant de plein fouet sur le revêtement. Au bout de peu de temps le tir de ces trois batteries devint très-juste, quoique paraissant d'abord produire peu de résultats. Mais, à 2 heures et demie, un obus de la batterie Lecourtois, pointé par l'ordre du lieutenant général, qui indiqua lui-même le but, détermina le premier éboulement, et un cri de joie partit de la batterie de Nemours où se trouvaient, en ce moment, le prince, le gouverneur et tout l'état-major. A dater de ce moment, tous les coups devinrent meilleurs et plus décisifs, et la brèche ne fit qu'augmenter en largeur et en hauteur. On continua toujours à pointer à huit pieds au-dessous des embrasures, les obusiers fouillant les brèches partielles déterminées par le feu des pièces.

Dans l'intention de faire diversion, on essaya de faire brèche à la porte Gabia avec la pièce de 16; mais, malgré l'admirable précision du tir du brigadier Seingeot, de la 8e batterie du 9e, on ne put obtenir que des brèches partielles et sans importance. On y renonça promptement pour concentrer tout le feu, tant sur la brèche que sur les embrasures et les murs crénelés qui en battaient les approches. A 1 heure les mortiers commencèrent leur tir et le continuèrent autour de la brèche et sur les principaux édifices que l'on nous indiqua comme contenant des

4.

magasins de poudre et d'objets d'approvisionnement. A 6 heures ils reçurent l'ordre de continuer à tirer toute la nuit.

A 7 heures, le commandant d'Armandy fit commencer, à 120 mètres de la place, la batterie de brèche définitive n° 9; la nuit précédente, une place d'armes avait été construite, de concert entre les commandants en chef de l'artillerie et du génie, autour de l'emplacement déterminé, par le lieutenant général d'artillerie, pour cette deuxième batterie de brèche; dans le mouvement, le lieutenant de Beaumont fut blessé d'une balle au cou; le lieutenant Tatin fut aussi frappé, mais légèrement. Pendant que la batterie Caffort se portait en avant et changeait de position, le commandant Maléchard fit remplacer les pièces de 24 par les obusiers de 8° et la pièce de 16 du capitaine Lecourtois, les deux obusiers de 6°, de la batterie Royale, devant, dans la nuit, venir compléter l'armement de cette nouvelle batterie. Les mortiers et les deux obusiers de 6°, placés au-dessus de la maison grise, ne changèrent pas de position.

Jeudi 12 octobre.

Au jour, on reconnut que l'ennemi, profitant de l'obscurité de la nuit et de l'impossibilité où nous étions de tirer sur lui, par suite de nos travaux et du désarmement provisoire de nos batteries, avait réparé la brèche avec beaucoup d'intelligence, garni la crête de sacs de laine très-épais, de bâts, d'affûts et d'obstacles de tous genres qu'il importait de détruire sans retard. Ce travail, en dehors des habitudes arabes, dut faire supposer dans la place des défenseurs éclairés. A 6 heures, le lieutenant général arriva à la batterie de brèche de la veille, que je continuerai à appeler batterie de Nemours. Il envoya de suite des officiers à la nouvelle batterie de brèche qui était sur le point d'être terminée; deux pièces étaient en batterie, les autres allaient y être bientôt mises. L'approvisionnement n'était pas encore fait; on s'en occupa de suite, et, comme il n'y avait pas possibilité de conduire des avant-trains, ni même de porter des caisses, des travailleurs d'infanterie portant une charge et un boulet, et espacés convenablement, y descendirent, en courant, sous le feu de la place, la communication n'étant couverte qu'à une très-petite portée de la ville, au point où la place d'armes vient se relier au ravin qui conduit au Bardo. Heureusement cette opération se fit sans grandes pertes, et il n'y eut que peu de blessés. Nos canonniers étaient exténués; depuis quatre nuits ils étaient presque sans repos et il ne fallait rien moins que le zèle de nos officiers, leur courage et leur bon esprit pour leur faire surmonter ces dernières difficultés.

A 9 heures, la batterie de Nemours avait complété son nouvel armement. Le gouverneur, avec son état-major, descendait du haut du plateau pour s'y rendre, lorsqu'un boulet de la place vint le frapper de mort. Le lieutenant général d'artillerie prit immédiatement le commandement de l'armée, et, comme le feu de la place redoublait en ce moment, et gênait les travailleurs qui portaient les charges à la batterie de brèche, il fit ouvrir de suite le feu de la batterie de Nemours, des mortiers et des deux obusiers de 6°. Cette dernière batterie, située au-dessus de la maison grise, était maintenant commandée par le capitaine Roujoux. La batterie de brèche devait tirer dès qu'elle serait prête. Aussitôt que notre feu fut bien établi, celui de la place se ralentit sensiblement; cependant le feu de la mousqueterie continua tout le soir sur la partie de la communication à découvert, au-dessous de la batterie de Nemours.

A 1 heure la batterie de brèche ouvrit son feu. Le général en chef avait prescrit d'élargir la brèche à gauche jusqu'à l'angle de la maison casematée, et à droite jusqu'à celui de la maison rouge. Ce but fut promptement atteint. On tira ensuite constamment sur le tiers supérieur de la brèche et enfin à deux pieds au-dessus de la crête, afin d'adoucir le sommet de la rampe, et pour détruire les travaux exécutés par l'ennemi dans la nuit précédente. A 6 heures du soir, la brèche étant reconnue praticable, le général en chef fit connaître à l'armée, par son ordre du jour du 12 octobre, à 6 heures du soir, que l'assaut serait donné à la place le lendemain 13, à 4 heures du matin.

Il prescrivit en même temps au colonel chef d'état-major de l'artillerie de faire tirer toute la nuit, de cinq minutes en cinq minutes, pour empêcher l'ennemi de faire de nouveaux travaux, en tirant à mitraille, dès qu'on apercevrait des travailleurs sur la brèche. Le feu s'établit en conséquence, et la lune et le beau temps favorisèrent ce tir de nuit et secondèrent l'adresse de nos canonniers.

Vendredi 13 octobre.

Le feu de la place, presque nul le soir et une partie de la nuit, devint très-vif avant la pointe du jour, au moment où les colonnes d'attaque débouchèrent du Bardo pour se rendre à la batterie de brèche, et celui de nos quatre batteries redoubla en même temps de justesse et d'activité.

Enfin, à 7 heures, la brèche ayant été jugée tout à fait praticable, le général en chef, qui était à la batterie depuis 4 heures du matin, avec S. A. R. Mgr le duc de Nemours et le lieutenant général du génie, donne le signal de l'assaut, et la première colonne d'attaque, le colonel de Lamoricière en tête, s'élance de la tranchée, franchit, au pas de course, l'espace qui la sépare de l'ennemi et couvre dans un instant le sommet de la brèche, pendant que notre feu, dirigé plus à droite, achève d'éteindre celui de la place et d'en disperser les défenseurs. A 9 heures, le cri de *Vive le Roi* retentit aux fenêtres de la grande caserne, le feu de nos batteries cesse de toute part et le drapeau français flotte sur Constantine.

Un nouveau rôle commença aussitôt pour l'artillerie, conservatrice des armes et des munitions de tout genre; elle s'occupa, sans délai, de la recherche des magasins à poudre, et l'on établit à la Casbah le dépôt général où toutes les armes devaient être rassemblées. Par ordre du général en chef, des officiers d'artillerie furent chargés de parcourir la ville pour mettre des postes dans toutes les maisons qui renfermaient des magasins à poudre ou des dépôts d'armes et de cartouches. D'autres furent immédiatement chargés d'un recensement exact de l'armement de la place.

M. le commandant Maléchard, chargé de ce travail, put faire connaître, dès le lendemain, que 63 pièces de divers calibres armaient les remparts, que les magasins contenaient encore 10 à 12 mille kilogrammes de poudre, 4 à 5 mille projectiles, et que, de tous côtés, se trouvaient des dépôts de cartouches.

Samedi
14 octobre,
et jours suivants,
jusqu'au 19.

Le désarmement général des habitants fut aussi ordonné, sous les peines les plus sévères, et contrôlé par les visites domiciliaires d'officiers de toutes armes réunis en commission. Après quatre jours, le nombre des armes déposées à la Casbah s'élevait à 2000 fusils, 250 sabres ou yatagans et environ 300 pistolets, la plupart en mauvais état.

Enfin, le général en chef, ne considérant le rôle de l'artillerie comme entièrement terminé que lorsqu'elle aurait ramené à Bône tout son matériel de siége, donna l'ordre au colonel de Tournemine, chef d'état-major de l'artillerie, de quitter Constantine le 20 octobre, 8 jours après l'assaut, à la tête d'une colonne de 1500 hommes, destinée à escorter les bouches à feu de gros calibre. Cette colonne à laquelle on adjoignit 14 fourragères de l'administration, chargées de blessés, malgré le mauvais état des chevaux et toutes les difficultés de chemins détrempés par les pluies des jours précédents, revint à Bône en 7 jours, et le 26 octobre, à 6 heures du soir, au moment où la pluie tombait à torrents, tout ce matériel était rentré sans accident et établi au parc de siége au-dessous de la redoute de Danrémont.

Vendredi
20 octobre,
et jours suivants,
jusqu'au 31.

Le général en chef, après avoir rétabli et assuré la tranquillité dans Constantine et dans toute la province, laissa dans la ville une garnison de 2,700 hommes, et se mit lui-même en marche le 29, avec S. A. R. à la tête de la dernière colonne. Il arriva au camp de M'jez-Hammar, le 1er novembre, et, par l'ordre du jour suivant, témoigna à l'armée sa juste satisfaction de sa noble et glorieuse conduite.

ARMÉE EXPÉDITIONNAIRE
DE CONSTANTINE.

ORDRE GÉNÉRAL.

M'jez-Hammar, le 1er novembre 1837.

Soldats ! vous venez de terminer une campagne pénible et glorieuse ; vous rentrez dans votre camp, un mois jour pour jour après l'avoir quitté, et, dans ce court espace de temps, vous avez pris une ville fortifiée par la nature et par l'art, vous avez pacifié une province que la guerre désolait depuis plusieurs annécs. La France verra avec orgueil les lauriers qui entourent vos drapeaux, et les vieux guerriers qui ont pris part aux grandes batailles de l'empire applaudiront aux faits d'armes de leurs jeunes successeurs. Pour moi, je suis heureux qu'à la fin de ma longue carrière la fortune m'ait appelé à commander une armée aussi brave et aussi dévouée, et je vous remercie de l'appui que vous m'avez tous accordé dans des circonstances difficiles.

Le prince qui a constamment marché à votre tête, qui a partagé vos travaux et vos privations, fera connaître au Roi le zèle et la résignation que vous avez montrés, et je ne doute pas que la justice de Sa Majesté ne vous accorde bientôt les récompenses que vous avez si noblement méritées.

Le Lieutenant général commandant en chef,

Signé COMTE VALÉE.

Deux jours après, le général en chef rentrait à Bône, et, le lendemain, tout le matériel d'artillerie qui avait concouru à la prise de Constantine, sans en excepter une seule voiture, se trouvait réuni au parc : 4 obusiers de montagne seulement furent ajoutés à l'armement de Constantine, avec un approvisionnement de 250,000 cartouches d'infanterie.

Bône, le 4 novembre 1837.

Le Colonel chef d'état-major de l'artillerie de l'armée,

B^{on} DE TOURNEMINE.

VU :

Le 4 décembre 1837.

Le Maréchal de France, Gouverneur général,

COMTE VALÉE.

ERRATA

POUR LE JOURNAL DES OPÉRATIONS DE L'ARTILLERIE,

PENDANT L'EXPÉDITION DE CONSTANTINE, EN OCTOBRE 1837.

Page 11, à la 19ᵉ ligne du 2ᵉ §, au lieu de : *reconnaît,* lisez : *reconnut.*

Id.   à l'avant-dernière ligne, au lieu de : *il offre,* lisez : *il offrait.*

Id.   à la dernière ligne, au lieu de : *à nos pièces de tirer plus près,* lisez : *à nos pièces, de tirer de plus près.*

Page 12, aux 1ʳᵉ, 2ᵉ et 3ᵉ lignes, au lieu de : *le chemin qui doit mener du parc à cet emplacement est reconnu, et il est assez indiqué pour qu'une journée de travail du génie puisse le rendre praticable.* Lisez : *le chemin qui devait mener du parc à cet emplacement fut reconnu, et parut assez indiqué pour qu'une journée de travail du génie pût le rendre praticable.*

Id.   à la 4ᵉ ligne du 2ᵉ §, et suivantes, au lieu de : *à droite de la redoute Tunisienne sera placée une batterie de siége pour contre-battre la Casba, qui a été réparée — et nous présente.* Lisez : *et à sa droite celui d'une batterie de siége pour contre-battre la Casba, qui avait été réparée — et nous présentait.*

Id.   à l'avant-dernière ligne, au lieu de : *d'éteindre,* lisez : *à éteindre.*

Page 15, à la 3ᵉ ligne du 2ᵉ §, au lieu de : *partent,* lisez : *partirent.*

Page 15, à la 19ᵉ ligne, au lieu de : *revient et lui rend compte,* lisez : *revint et lui rendit compte.*

Id.   à la 21ᵉ ligne, au lieu de : *paraissent,* lisez : *paraissaient.*

Id.   à la dernière ligne, au lieu de : *n'est pas,* lisez : *n'était pas.*

Page 17, à la 4ᵉ ligne du 2ᵉ §, au lieu de : *les tirailleurs ennemis,* lisez : *ceux de l'ennemi.*

Page 22, à la dernière ligne du 1ᵉʳ §, au lieu de : *est,* lisez : *fut.*

Page 23, à la 4ᵉ ligne, au lieu de : *offre,* lisez : *offrait.*

Page 26, à la 26ᵉ ligne, au lieu de : *est éteint,* lisez : *fut éteint.*

Page 27, à la 1ʳᵉ ligne du 2ᵉ §, au lieu de : *on ne s'occupe plus,* lisez : *on ne s'occupa plus.*

Page 29, à la 6ᵉ ligne du 3ᵉ §, au lieu de : *au-dessus,* lisez : *au-dessous.*

ERRATA DU PLAN.

Au lieu de : *plaine de Mansoura,* lisez : *plateau de Mansoura.*

A la batterie n° 6, au lieu de : *batterie de mortiers,* lisez : *batterie d'obusiers.*

Au lieu de : *Porte al-Kantarah,* lisez : *Bab el-Kantara.*

Au lieu de : *Darbel Qdima,* lisez : *Dar el-Kdima.*

Ajoutez au bas du plan : *Levé et dessiné par MM. Courtois et Lebouché, capitaines d'artillerie.*

PLAN DU SIÈGE DE CONSTANTINE

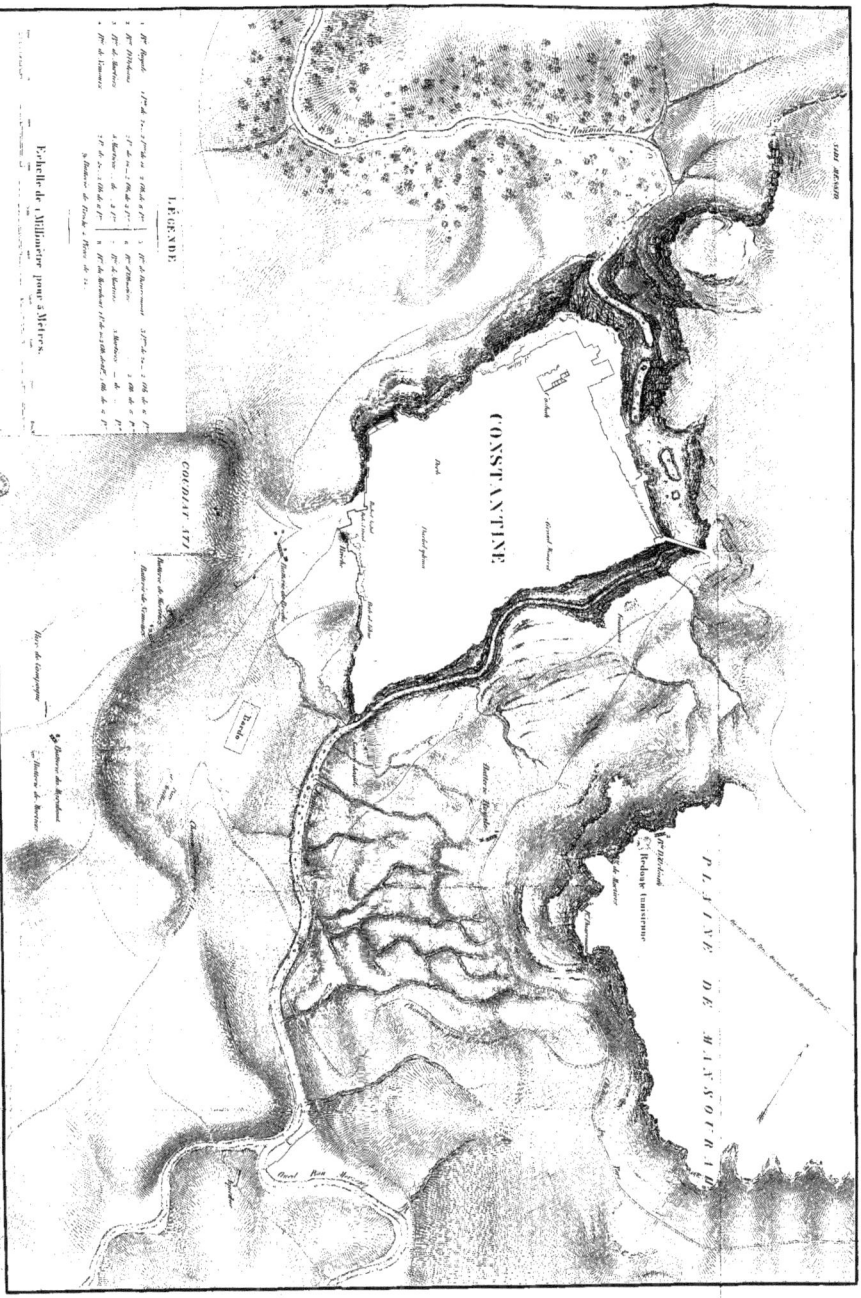

CONSTANTINE

COUDIAT ATY

PLAINE DE MANSOURAH

LÉGENDE

Echelle de 1 Millimètre pour 4 Mètres.

www.ingramcontent.com/pod-product-compliance
Lightning Source LLC
Chambersburg PA
CBHW060745280326

41934CB00010B/2359